AF461564

BALLETS COMIQUES,

REPRÉSENTÉS
PAR L'ACADEMIE ROYALE
DE MUSIQUE,
pendant les JOURS GRAS de l'année 1743.

DE L'IMPRIMERIE
De JEAN-BAPTISTE-CHRISTOPHE BALLARD,
seul imprimeur du Roi, & de l'académie royale de musique.
A PARIS, au Mont-Parnasse, rue S. Jean-de-Beauvais.

M. DCC XLIII.
AVEC PRIVILEGE DU ROI.
LE PRIX EST DE XXX. SOLS.

I. DON QUICHOTE, CHEZ LA DUCHESSE, *Ballet comique*, en trois actes, représenté pour la premiere fois, le mardi douze fevrier 1743.

II. LES AMOURS DE RAGONDE, *Ballet comique*, en trois actes, représenté pour la premiere fois, le mardi 30 janvier 1742.

Pour la seconde, le mardi douze fevrier. 1743.

DON QUICHOTE CHEZ LA DUCHESSE.

BALLET.

ACTEURS ET ACTRICES
chantans dans les chœurs.

CÔTE' DU ROI.		CÔTE' DE LA REINE.	
Meſdemoiſelles	*Meſſieurs*	*Meſdemoiſelles*	*Meſſieurs*
Dun,	St. Martin,	Antier-C.,	Deſerre,
	Marcelet,		Gratin,
Delorge,	Le Page,		Le Meſle,
	La Mare,	Cartou,	St. Amour,
Varquin,	Fel,		Deshais,
	Houbault,	Deshaigles,	Levaſſeur,
Dalmand-C.,	Bourque,		Treizeville,
	Bornet,	Deſgranges,	Chapotin,
Coupée,	Gallard,		Buzeau,
	Duchêner,		
Larcher.	Chabourd.	Gondré.	Dupleſſis.

ACTEURS

ACTEURS CHANTANS.

DON QUICHOTE,	Mr Berard.
SANCHO,	Mr Cuvillier.
ALTISIDORE, *ſuivante de la Ducheſſe,*	Mlle Fel.
UNE PAYSANE,	Mlle Bourbonnois.

Chaſſeurs & Paſtres.

Suivantes de la Ducheſſe.

UNE SUIVANTE *de la Ducheſſe*, Mlle Clairon.

DOMESTIQUES de la DUCHESSE, repréſentant

MERLIN,	enchanteurs,	Mr Perſon.
MONTESINOS,		Mr Albert.

Amans & amantes enchantés.

Ire AMANTE ENCHANTE'E,	Mlle Clairon.
IIme AMANTE ENCHANTE'E.	Mlle Gondré.

Démons.

Japonnois.

Japonnoiſes.

UN JAPONNOIS,	Mr Perſon.
UNE JAPONNOISE,	Mlle Fel.

ACTEURS DANSANS.

PREMIER ATCTE.

PASTRES.

Mademoiselle Camargo ;

Messieurs F-Dumoulin, P-Dumoulin, Levoir ;

Mesdemoiselles Camargo-C., S^t. Huray, Bouquet.

SECOND ACTE.

AMANS ET AMANTES ENCHANTÉS.

Mademoiselle Dallemand-L ;

Messieurs Dumay, Dupré, Monservin, Gherardy ;

Mesdemoiselles Rabon, Petit, Fremicourt, Erny.

DEMONS.

Messieurs Dangeville, Hamoche, Malter-L.
Levoir, Malter-C., Gherardy.

TROISIE'ME ACTE.

JAPONOIS ET JAPONNOISES.

PAGODES, { Monsieur Lany,
Mademoiselle Lany,

Messieurs Dumay, Dupré, Monservin; Gherardy,

Mesdemoiselles Rabon, Petit, Thiery, Le Breton.

DON QUICHOTE CHEZ LA DUCHESSE.

ACTE PREMIER.

Le théâtre repréſente une forêt.

SCENE PREMIERE.

Bruit de chaſſe. SANCHO pourſuivi par un ours.

AU ſecours, au ſecours.
Un monſtre en furie,
Veut trancher mes jours ;
Fuyons, fuyons ſa barbarie.
Au ſecours, au ſecours.

Appercevant l'ours.

Je le vois !... Tout mon ſang ſe glace.
Ah ! Malheureux Sancho ! Ciel, où fuir ? Où courir ?
Je vais périr.
Ah ! La maudite chaſſe !

SCENE II.

DON QUICHOTE, SANCHO.

DON QUICHOTE, tuant l'ours.

EXpire ſous mes coups, diſcourtois enchanteur.
Mon bras au défaut du tonnerre,
De monſtres ſait purger la terre.

SANCHO, fiérement.

Tout céde à notre valeur.

SCENE III.

DON QUICHOTE, ALTISIDORE, SANCHO.

DON QUICHOTE, à ALTISIDORE.

J'Ai vaincu le géant ; vivez, Altiſidore,
Jamais envain on ne m'implore.

ALTISIDORE.

Un géant !

SANCHO.

Ces géans malins
A leur gré changent de figure ;
Un jour transformés en moulins,
Ils nous ont diſputé l'honneur d'une avanture.

ALTISIDORE.

Pour ce triomphe, heureux vainqueur,
Non, ce n'est pas assez de ma reconnoissance.
à part.
Feignons, pour l'arrêter, une amoureuse ardeur.
haut.
Un sentiment plus doux vous rend cher à mon cœur.

DON QUICHOTE.

La gloire d'un bienfait en est la récompense,
Adieu, je pars content.

ALTISIDORE. } *Quoi!* { *Vous quittez* } *ces lieux?*
SANCHO. } *Quoi!* { *Nous quittons* } *ces lieux?*

DON QUICHOTE.

Je pars en heros glorieux.

ALTISIDORE. } *Quoi!* { *Vous quittez* } *ces lieux,*
SANCHO. } *Quoi!* { *Nous quittons* } *ces lieux,*

ALTISIDORE.

Où regnent les plaisirs,

SANCHO.

Où regne l'abondance?

DON QUICHOTE.

Je suis de mes exploits, comptable à l'univers;
Dans le sein du repos je ternirois ma gloire?
Non, non, je dois voler de victoire en victoire,
Les plaisirs sont pour moi plus honteux que les fers.

Je vais remplir ma destinée.

SANCHO.

Il n'est rien tel que de jouir.

DON QUICHOTE.

Je vais mériter Dulcinée.

ALTISIDORE, tendrement.

Eh quoi! Tout autre bien ne peut vous éblouir?

DON QUICHOTE.

Comme on voit au printemps naître les dons de Flore,
Aux rayons de l'astre du jour;
A l'aspect des yeux que j'adore,
On voit éclore
Le tendre amour.

SANCHO.

D'un riche azur, sa bouche éclate;
Son tein fait pâlir l'ecarlate,
Le corail embellit ses yeux,
De son sein l'ébeine polie...
Ah, c'est une Infante accomplie,
Rien n'est si parfait sous les cieux.

ALTISIDORE.

Est-elle reine?

DON QUICHOTE.

Elle est digne de l'être;
On meurt d'amour en la voyant paroître.

ALTISIDORE.

Helas, que ſon ſort eſt heureux!

à DON QUICHOTE.

Mais s'il faut en ce jour que le ciel nous ſépare,
Dumoins voyez les jeux
Que la Ducheſſe vous prépare.
Habitans de ces forêts,
Du vainqueur célebrez la gloire,
Son bras plus ſûr que nos traits,
Remporte une illuſtre victoire.

SCENE IV.

DON QUICHOTE, ALTISIDORE, SANCHO, PASTRES.

CHOEUR.

CHantons tous
Un heros indomtable,
Auſſi vaillant qu'aimable,
Rien n'échape à ſes coups.
Ce vainqueur,
Eſt le rempart des belles;
Et des géans rebélles
Son bras eſt la terreur.
Dans nos bois
Célébrons mille fois
Et ſon amour, et ſes brillans exploits.

La beauté qui l'enflamme,
Regne seule en son ame;
Il ne la vit jamais,
C'est la fleur des amans parfaits.

Chantons tous, &c. On danse.

SANCHO.

Du passé point de souvenir,
Point de souci pour l'avenir,
Au présent il faut s'en tenir.

Je veux rire, je veux boire,
Aimer quand le cœur m'en dit:
Bon, bon, cela me suffit,
Moins de gloire,
Plus de profit. On danse.

SCENE V.

LES MESMES, UNE PAYSANNE.

SANCHO, à DON QUICHOTE, appercevant LA PAYSANNE.

SEigneur, ô favorable jour!
L'infante Dulcinée arrive avec sa cour.

ALTISIDORE ET DON QUICHOTE.

L'infante Dulcinée!

SANCHO, bas à ALTISIDORE.

Il faut user d'adresse
Pour le fixer en ce séjour.

à LA PAYSANNE.

Recevez mon homage, adorable princesse.

LA

LA PAYSANNE.

Aga,
Stila!
Que viant-il nous dire?
Pour qui me prend-t'on?
Non, non,
Je ne veux pas rire;
Finissez, je ne veux pas rire.

DON QUICHOTE.

C'est une villageoise!

SANCHO.

O ciel! Les enchanteurs
A vos yeux cachent-ils ses charmes?

DON QUICHOTE.

Quoi! C'est l'objet divin à qui je rens les armes?

SANCHO.

Dulcinée enleve les cœurs.

SANCHO, ET LE CHOEUR.

Son éclat éblouit, tout ressent son empire.

LA PAYSANNE.

Finissez, je ne veux pas rire.

ALTISIDORE.

Que d'attraits! Que d'esprit!
Malgré moi, je l'admire.
Ah! Mon cœur en soupire
De honte & de dépit.

LA PAYSANNE.

Tredame!
Madame,
Point tant de mépris;
Chacun vaut ſon prix.
Si je n'avons la peau ſi bian polie,
Si je n'avons vos biaux attraits,
Les notres ſont tout comme on les a faits;
Je ne ſai pas me rendre plus jolie.
Sans avoir tant de favoris,
Je trouvons à qui plaire,
C'eſt notre affaire,
Pardi, chacun vaut ſon prix.

DON QUICHOTE,

ſe jettant aux genoux de la payſanne.

O miracle de la nature!
Malgré l'effort d'un enchanteur,
Don Quichote vous jure
Une éternelle ardeur.
Vous guidez mon bras & mon cœur,
Ce fer confondra l'impoſture.

LA PAYSANNE.

Je n'entens point le caquet
D'un muguet;
Jamais freluquet
Coquet,
N'enticha ma vertu
D'un fétu.

Je ſis ſans reproche ;
Si l'on m'approche,
Je poche
Les yeux ;
Adreſſez vous mieux.

Les biautés de la ville,
D'himeur plus civile,
Plus poliment
Recevront un galant :
Je n'avons point ce talent,
Vraiment !
Je n'avons point ce talent.

DON QUICHOTE, à LA PAYSANNE.

Vous fuyez ! O douleur mortelle !
Je vous ſuivrai par tout, cruelle.

SCENE VI.

MERLIN, DON QUICHOTE, SANCHO, ALTISIDORE, LE CHOEUR.

MERLIN, à DON QUICHOTE.

ARrête, tu pourſuis en vain
Une princeſſe infortunée ;
Reconnois la voix de Merlin,
Va, chez Monteſinos, délivrer Dulcinée.

Mille coups redoublés sur le brave Sancho,
Desenchanteront cette belle.

Espere tout d'un écuyer fidéle,
Qui va faire éclater son zele
Pour l'infante du Tobozo.

SCENE VII.

SANCHO, DON QUICHOTE, ALTISIDORE, LE CHOEUR.

SANCHO.

NEnni, nenni, ce n'est qu'un badinage,
Monsieur Merlin, chacun répond pour soi.

CHOEUR.

Quel honneur pour Sancho! Quel brillant avantage!

DON QUICHOTE.

Mon sort ne dépend que de toi.

SANCHO.

Bon, bon! Ce n'est qu'un badinage.

DON QUICHOTE.

Une isle sera ton partage.

SANCHO.

Quand vous me feriez prince ou roi,
En pareil cas, chacun répond pour soi.

DON QUICHOTE.

Mon bras va te punir d'un refus qui m'outrage.

SANCHO.

Aye, aye, aye.

ALTISIDORE, retenant DON QUICHOTE.

Arrêtez.

SANCHO tremblant de peur.

Qu'exigez vous de moi?

DON QUICHOTE.

Mon bonheur sera ton ouvrage.

SANCHO.

J'enrage.

CHOEUR.

Quel honneur pour Sancho! Quel brillant avantage!

FIN DU PREMIER ACTE.

ACTE SECOND.

Le théâtre représente l'entrée de la caverne de MONTESINOS.

SCENE PREMIERE.

DON QUICHOTE.

Séjour funeste, où regne la terreur,
Devenez, s'il se peut, plus redoutable encore;
Vous ne m'inspirez point d'horreur,
Vous renfermez la beauté que j'adore.

SCENE II.

SANCHO, DON QUICHOTE.

SANCHO.

Tous vos malheurs vont prendre fin.
Je viens d'executer moi-même,
L'ordre inhumain
De Merlin,
J'en sens encore une douleur extrême.

DON QUICHOTE.

Ami Sancho, le succès est certain.

SCENE III.

ALTISIDORE, DON QUICHOTE, SANCHO.

ALTISIDORE.

Seigneur, quel dessein témeraire
Vous fait braver les horreurs du trépas?
Fuyez ces lieux.

DON QUICHOTE ET SANCHO.

La gloire a pour {moi / nous} trop d'appas.

ALTISIDORE.

Arrêtez, arrêtez. Je ne dois plus vous taire
Un feu trop longtemps combattu;
L'amour est foiblesse ou vertu,
Tout dépend du choix qu'on sait faire.

La victoire & l'honneur illustrent votre bras;
Des rivages brillans, où se leve l'aurore,
Le bruit de vos exploits m'attire en ces climats;
Et, sous le nom d'Altisidore,
La reine du Japon vous offre ses états.

SANCHO.

Seigneur, ne les refusons pas.

DON QUICHOTE.

Qu'entens-je!.. O reine infortunée!

ALTISIDORE.

N'exposez point vos jours, oubliez Dulcinée.

DON QUICHOTE.

Qui peut oublier ses appas?

SANCHO, à DON QUICHOTE.

D'un vain espoir, votre grand cœur s'amuse;
Vous perdrez tout, songez y bien.
Quelque chose vaut mieux que rien;
Qui refuse,
Muse;
Quelque chose vaut mieux que rien.

ALTISIDORE.

Par des conquêtes nouvelles,
L'amour cherche à se signaler.
Ses traits toujours vainqueurs, blessent les plus rebelles:
Mais son flambeau, souvent loin de brûler,
Ne produit que des étincelles;
Ce dieu ne semble avoir des aîles,
Que pour voler
A des conquêtes nouvelles.

SANCHO, à DON QUICHOTE.

La fortune à nous vient s'offrir,
Ne suivons plus une chimere:
Cette princesse est votre affaire,
Il vaut mieux tenir que courir.

DON QUICHOTE.

Je ne serai jamais parjure.

ALTISIDORE.

Eh pourquoi rougir de changer?
Tout change dans la nature.

L'onde

L'onde nous dit, par ſon murmure,
Qu'en des ſentiers nouveaux elle aime à s'engager;
Le nuage inconſtant paſſe d'un vol leger;
Les arbres changent de parure;
Les prez de fleurs, et nos champs de verdure.

Eh pourquoi rougir de changer?
Tout change dans la nature.

DON QUICHOTE.

Non, rien ne peut me dégager.

ALTISIDORE.

C'en eſt aſſez, ingrat, inſulte à ma tendreſſe;
Mais, crains ma fureur vengereſſe.

Que, juſqu'au tombeau,
La lune gouverne
Toujours ton cerveau;
Qu'à tes yeux tout château
Se change en taverne;
Que l'on y berne
Ton écuyer Sancho,
Et périſſe dans la caverne
Ton infante du Toboſo.

DON QUICHOTE.

Quelle fureur!

SANCHO.

Quel vertigo!

SCENE IV.

DON QUICHOTE, SANCHO.

DON QUICHOTE.

Que je plains sa foiblesse !...(à SANCHO) *Achevons l'avanture.*

SANCHO.

Je suis pour vous servir, plein d'audace & d'ardeur.
appercevant un nain.
O ciel ! Quelle horrible figure !
Sauvons-nous.

DON QUICHOTE.

Un nain te fait peur ?
Combats ce vil objet que ma valeur méprise.

SANCHO, mourant de peur.

Il n'appartient qu'à vous de finir l'entreprise :
A tout seigneur,
Tout honneur.

DON QUICHOTE.

Lache, que devient ton audace ?

SANCHO, tirant son épée.

Allons donc.... A bon chat, bon rat.
Mais quel charme nouveau m'arrête en cette place ?
L'enchanteur ne veut pas que je sois du combat.

DON QUICHOTE.

Hé bien, ouvrons-nous un passage.

Des flammes s'opposent à DON QUICHOTE, et le nain devient géant.

Je trouve un ennemi digne de mon courage.

SANCHO, épouvanté.

Un vrai géant! C'est fait de nous.

Il allonge de grandes estocades en se reculant.

Ferme, seigneur, je suis à vous,
Point de quartier, fort bien, nous avons l'avantage.

SCENE VI.

MONTESINOS, AMANS ET AMANTES ENCHANTE'S, DON QUICHOTE, SANCHO.

Le geant disparoit au bruit du tonnerre, et le théâtre représente l'intérieur de la caverne de Montesinos; on y voit une figure de paysanne. Les Amans & les Amantes paroissent enchantés dans differentes attitudes.

Symphonie qui annonce le désenchantement.

MONTESINOS.

Don Quichote est vainqueur, un nouveau jour nous luit.
Amans, qui languissez dans un triste esclavage,
Renaissez, le charme est détruit.

Les amans & les amantes s'animent au bruit d'une symphonie douce.

A ce heros rendez hommage.

CHOEUR des amans & des amantes.

Liberté, liberté.
A ce heros rendons hommage ;
Il triomphe & nous dégage
D'une affreuse captivité.
Liberté, liberté.

On danse.

UNE AMANTE.

De tous les amans du vieux temps,
La constance étoit le partage :
L'amour ne suit plus cet usage,
On ne voit plus de longs romans.

Ainsi que les preux Amadis,
Don Quichote est tendre & fidéle :
Son cœur sensible se modéle
Sur les amans du tems jadis.

On danse.

UNE AUTRE AMANTE.

Jamais tes charmes
Ne causent d'allarmes,
Tendre amour, doux vainqueur,
Je te livre mon cœur :
Trop aimable enchanteur !
Que ton ardeur
M'enflamme.
D'une douce langueur,
Viens ennyvrer mon ame.

On danse.

DON QUICHOTE.

Vos jeux n'ont rien qui m'interesse,
Je n'y vois point l'objet de ma tendresse.

MERLIN.

Infortuné vainqueur, ton espoir est trahi;
Sancho n'a point obéi.

DON QUICHOTE.

Il faut que le traître périsse.

MERLIN.

Laisse-moi le punir.

SANCHO, à DON QUICHOTE.

Seigneur, ne croyez pas...

SCENE VII.

LES ACTEURS PRECEDENS, DÉMONS.

MERLIN, à DON QUICHOTE.

TOus ces démons au défaut de son bras,
Vont servir tes amours & faire son suplice.

aux démons.

Qu'il frémisse,
Gémisse,
Frapez, frapez fort;
Qu'il tombe,
Succombe
Sous votre effort.
Frapez, frapez fort.

Les démons battent SANCHO.

CHOEUR DE DEMONS.

Qu'il frémiſſe,
Gémiſſe,
Frapons, frapons fort;
Qu'il tombe,
Succombe
Sous notre effort.
Frapons, frapons fort.

SANCHO, tombant ſous les coups.

A l'aide je ſuis mort.

DON QUICHOTE.

D'où vient qu'en ce moment le charme dure encore?

SCENE VIII.

LES MÊMES, ALTISIDORE.

ALTISIDORE, tenant une baguette magique.

INgrat, connois Altiſidore.
Accourez à ma voix, miniſtres des enfers,
Tranſportez Dulcinée au bout de l'univers.

Des démons enlevent la figure de la Payſanne.

Aux enchanteurs, aux demons, aux amans & amantes,
Fuyez, obéiſſez, à mon pouvoir ſuprême.

SCENE IX.

ALTISIDORE, DON QUICHOTE, SANCHO.

ALTISIDORE, à DON QUICHOTE.

JE vais l'exercer ſur toi-même;
Prens la forme d'un ours; (à SANCHO,) *et toi, d'un ſinge affreux.*

Elle les touche de ſa baguette.

SANCHO.

Helas! Qu'ai-je fait malheureux!

DON QUICHOTE.

Quelle rigueur extrême!

ALTISIDORE.

Vous ſeuls reconnoîtrez vos traits;
Allez, monſtres nouveaux, errer dans les forêts.

FIN DU SECOND ACTE.

ACTE TROISIÉME.

Le théâtre représente les jardins de LA DUCHESSE.

SCENE PREMIERE.

SUIVANTES DE LA DUCHESSE, qui feignent de prendre SANCHO pour un singe, SANCHO.

CHOEUR des suivantes de LA DUCHESSE.

E gentil-joli ſapajou!
C'eſt un bijou.

SANCHO.

Je ne ſuis plus Sancho, fatale deſtinée!
Helas! Je fuis, ſans ſavoir où.

CHOEUR.

Le gentil-joli ſapajou!
C'eſt un bijou.

SANCHO.

Maudite ſoit la Dulcinée,
Dont mon maître eſt devenu fou.

CHOEUR

CHOEUR.

Le gentil-joli sapajou!
C'est un bijou.

UNE SUIVANTE de LA DUCHESSE.

Voyons, voyons ce qu'il sait faire:
Aimable singe, approchez vous:
Sautez, sautez; il paroît assez doux.
*Sautez pour Dulcinée, * Ah qu'il est en colere!*

* SANCHO paroît en fureur au nom de Dulcinée.

SCENE II.

DON QUICHOTE, et les acteurs précédens.

CHOEUR, appercevant DON QUICHOTE.

UN Ours en fureur vient à nous?
Fuyons tous.

DON QUICHOTE.

Que mon destin est déplorable!

CHOEUR.

Quel hurlement épouventable!

DON QUICHOTE.

Tout tremble à mon aspect!

CHOEUR.

Fuyons tous, fuyons tous.

SCENE III.

DON QUICHOTE, SANCHO.

DON QUICHOTE.

En vain l'enfer me déclare la guerre,
Qu'Altisidore allume le tonnerre,
Brillant soleil de mes amours,
C'est vous que j'aimerai toujours.

SANCHO.

Voilà le fruit de votre ardeur constante.
Que m'importoit, helas!
La liberté de votre infante.
Sur moi tous les démons ont exercé leurs bras,
Pour comble de maux on m'enchante.

DON QUICHOTE.

N'aigris point mes douleurs.

SANCHO.

Pouvez-vous, sans remords
Accabler de mépris la reine des Pagodes,
Qui vient exprès des antipodes,
Pour nous offrir son cœur et ses trésors?

DON QUICHOTE.

Des géants, j'excite l'envie;
Des reines, j'excite l'amour.
Tel est le destin de ma vie.

SANCHO.

Un trône offert, mérite du retour.

DON QUICHOTE.

Je renonce au diadème,
S'il faut trahir ma foi.
La couronne est au sort, mes vertus sont a moi:
Je ne devrai ma grandeur qu'à moi même.

SANCHO.

Quel vain scrupule vous retient?
Il faut aimer quand on nous aime,
Le plaisir est le bon sistème,
Prenez le-temps comme il vient.

DON QUICHOTE.

Mais j'apperçois Altisidore.

SCENE IV.

DON QUICHOTE, ALTISIDORE, SANCHO,

à ALTISIDORE.

AH, rendez-moi la beauté que j'adore.

ALTISIDORE.

Non, non, ne l'espere jamais;
Je viens jouir de tes regrets.

SANCHO.

Permettez que pour moi, dumoins, je vous implore.

ALTISIDORE.

Non, non, ne l'espere jamais.

DON QUICHOTE.

Si j'ai sauvé vos jours, quel prix de mes bienfaits!

ALTISIDORE.

L'amour ne ſauroit ſe contraindre ;
L'obſtacle irrite encor l'ardeur ;
Le vent rallume avec fureur,
Le feu qu'il ne peut éteindre.
Vous allez habiter des deſerts pleins d'horreur.

SANCHO.

Nous y mourrons de faim, de ſoif, et de frayeur.

DON QUICHOTE.

Mon amour m'y ſuivra.

SANCHO.

Fortune trop cruelle !

ALTISIDORE.

Vengeons-nous mieux d'un cœur rebelle :

A DON QUICHOTE.

Crains pour l'objet de tes amours.

DON QUICHOTE.

En dut-elle périr, je l'aimerai toujours.

SANCHO.

Mais nous périrons avec elle ;
Vous nous aſſaſſinez par votre amour conſtant,
Aimez la moins, puiſque vous l'aimez tant.

ALTISIDORE, feignant de la ſurpriſe

Ciel ! Merlin en ces lieux s'avance !

SCENE V.

MERLIN, DON QUICHOTE, ALTISIDORE, SANCHO.

MERLIN, à ALTISIDORE.

Cesse d'opprimer l'innocence.

* montrant DON QUICHOTE.

*Contente toi des maux qu'il * a soufferts,*
Et respecte un heros utile à l'univers.

Il touche DON QUICHOTE & SANCHO de sa baguette.

ALTISIDORE.

Quel charme détruit ma puissance!

MERLIN.

Merlin protege les heros.

SANCHO.

Monsieur Merlin, vous venez à propos;
Mais ne me chargez plus des destins d'une infante.

MERLIN, à DON QUICHOTE.

Ta flamme sera triomphante.

Tu peux punir qui vouloit t'outrager:
Que l'ingrate, à son tour gémisse.

DON QUICHOTE.

Ce n'est qu'en pardonnant que l'on sait se venger,
Et les cœurs criminels renferment leur suplice.

DON QUICHOTE, ALTISIDORE.

Un trait si généreux, me force à t'admirer;
Mes yeux s'ouvrent enfin, je vois mon injustice,
C'est à moi de la réparer.

ALTISIDORE, ET MERLIN.

Fidele amant, ta peine cesse,
Et ton amour triomphe après tant de combats:
Vas au Japon retrouver ta Princesse,
Avec cette beauté, regne sur { *mes* / * *ses* } *états.*

DON QUICHOTE.

O bel astre! Ce jour finit notre martire.

MERLIN.

Calmons aussi le trouble de Sancho;
Avec l'isle qu'il desire,
Un jour il obtiendra l'infante de Congo.

DON QUICHOTE.

On te donne une infante, et j'obtiens un empire;
Rends grace à ma valeur.

SANCHO.

Tel maître, tel valet.
Si ma fortune est un peu mince,
Si je ne suis ni roi ni prince,
Je ne serai pas moins le fait
De ce rare & charmant objet.
La renommée
N'est que fumée,
Tout ce qui reluit n'est pas or,
Mon cœur tout seul, vaut un trésor.

*MERLIN montrant ALTISIDORE.

ALTISIDORE, à DON QUICHOTE.

Ma suite va vous rendre homage :
Moi même avec plaisir je suivrai votre loi.
Habitans du Japon, connoissez votre roi,
Chantez sesfeux, célébrez son courage.

SCENE DERNIERE.

JAPONNOIS, JAPONNOISES, et les acteurs précédens.

CHOEUR.

CHantons ses feux, célébrons son courage,
Que la gloire de ses exploits
Vole d'age en age,
Quil regne et nous donne des loix.

UN JAPONNOIS.

Flambeau des cieux, ta féconde chaleur
Anime moins qu'une amoureuse ardeur ;
Tout reconnoit l'empire
De l'Amour,
Ou même expire
L'astre du jour.
Par tout ses feux ne brillent pas,
Mais l'amour est de tous climats.
Les ardens Chinois,
Les Lappons froids,
Les Iroquois,
Tout brule sous ses loix.

On danse.

UNE JAPONNOISE.

Vole, Amour, regne ſur nos ames,
Tu triomphes, tu nous enflammes
Par l'attente des plaiſirs.
Fais durer long-temps notre yvreſſe,
L'art charmant de la tendreſſe
Eſt l'art d'irriter nos deſirs.

Vole, Amour, regne ſur nos ames,
Tu triomphes, tu nous enflammes
Par l'attente des plaiſirs.

FIN.

APROBATION.

J'Ai lû par ordre de monſeigneur le Chancelier, un ballet, intitulé, *Don Quichote chez la Ducheſſe*. A Paris, ce 1 Fevrier 1743.

DE MONTCRIF.

Le privilege de l'Academie, ſe trouve aux opera précédens.

www.ingramcontent.com/pod-product-compliance
Ingram Content Group UK Ltd.
Pitfield, Milton Keynes, MK11 3LW, UK
UKHW021041180726
13838UKWH00004B/1943